8° F Pièce
5849

LE FOYER OUVRIER

Société anonyme d'Habitations à bon marché

ïège social : **ROUEN, 76, rue de Crosne**

Résumé de la Législation

sur les Habitations à bon marché

(H. B. M.)

AF295949

AVANTAGES

CAPITAL NÉCESSAIRE ET CALCUL DU LOYER

MARCHE A SUIVRE

FORMALITÉS A REMPLIR

J. SILIE

Ingénieur Civil des Mines

Secrétaire Général du " Foyer Ouvrier "

ROUEN

IMPRIMERIE J. LECERF FILS

1922

BIBLIOTHÈQUE NATIONALE — R.F.

LE FOYER OUVRIER

Société anonyme d'Habitations à bon marché

Siège social : **ROUEN, 76, rue de Crosne**

Résumé de la Législation

sur les Habitations à bon marché

(H. B. M.)

AVANTAGES

CAPITAL NÉCESSAIRE ET CALCUL DU LOYER

MARCHE A SUIVRE

FORMALITÉS A REMPLIR

J. SILIE

Ingénieur Civil des Mines

Secrétaire Général du " Foyer Ouvrier "

ROUEN

IMPRIMERIE J. LECERF FILS

1922

LES HABITATIONS A BON MARCHÉ
(H. B. M.)

AVANT-PROPOS

BIBLIOTHÈQUE NATIONALE R. F. IMPRIMÉS

*La construction d'habitations à bon marché est
un des problèmes d'après-guerre qui s'impose le plus : il
s'impose pour l'avenir de la race ; il intéresse vivement
aussi notre avenir social.*

*De toute part, on entend pousser des cris d'alarme en
constatant la réduction et l'insuffisance de notre natalité.
On éprouve une véritable angoisse en songeant à l'avenir
de la population française stationnaire, sinon diminuée,
en face d'une population allemande qui continue à s'ac-
croître. Des enfants, tel doit être le mot d'ordre. Encore
faut-il avoir le moyen de les loger. Pour permettre à ces
enfants de vivre, il faut les soustraire à ces taudis innom-
mables, où l'air et la lumière leur sont si parcimonieuse-
ment mesurés.* **Il faut construire.**

*Le problème n'intéresse pas moins vivement notre
avenir social. Procurez aux ouvriers des maisons gaies,
aérées, avec leur petit jardin : ce sera le meilleur moyen
de les retenir chez eux, au milieu des leurs ; les soins du
jardinage éloigneront du cabaret. Facilitez-leur l'accession
à la propriété, en leur permettant de devenir propriétaire
de leur petite maison : la question sociale aura avancé
d'un grand pas.*

« **Maisons à bon marché !** *» le terme semble iro-
nique, aux prix actuels des matériaux et de la main-
d'œuvre. Une maison modeste de quatre pièces revient à
20,000 francs ; pour permettre de rémunérer normalement
le capital (6 0/0), de payer l'entretien, les impôts, assurance (2,5 0/0), il faut envisager un loyer de 1,700 francs,
loyer tout à fait prohibitif.*

*Quel capitaliste, assez peu soucieux de ses intérêts, se lancera dans une spéculation vouée d'avance à l'insuccès? Et cependant, **il faut construire.***

Les Pouvoirs publics, se préoccupant de cette situation, s'efforcent de venir en aide à la construction des habitations à bon marché par des lois, des décrets qui, souvent révisés, ajoutent de nouveaux concours, donnent de nouvelles facilités. Ces lois, qui procurent des avantages très appréciables, ne sont pas assez connues. Il faut avouer que la lecture en est assez aride. L'ensemble de ces lois et décrets constitue un véritable arsenal, dans lequel on hésite à pénétrer; on redoute les complications, les formalités sans nombre qu'exige une Administration trop pointilleuse.

*La seule prétention de cette brochure est de faciliter l'étude de ces lois, d'en dégager **les parties essentielles,** d'en énumérer **les avantages,** en appuyant chaque avantage du texte même de la loi qui le confère, de déterminer, dans un cas concret, le **capital nécessaire** que la Société d'H. B. M. devra apporter comme appoint au concours de l'Etat, le **calcul du loyer** à appliquer; enfin, d'indiquer **la marche à suivre** pour obtenir ces concours, les **formalités à remplir.***

Si ce résumé facilite la création de sociétés d'H. B. M., et par suite la construction de nouvelles maisons, nous nous estimerons suffisamment récompensés de cet effort.

Juillet 1922.

J. S.

LA CONSTRUCTION
D'HABITATIONS A BON MARCHÉ.
(H. B. M.)

Trois solutions sont possibles, suivant qu'on envisage l'application de la législation sur :

1º les habitations à bon marché ;

2º les habitations à bon marché *destinées aux familles nombreuses* ;

3º les sociétés de crédit immobilier.

La *première solution* ne procure que des avantages insuffisants. Aux termes de l'article 1er de la loi du 26 février 1921, « des prêts peuvent être consentis par l'Etat » en vue de la construction d'H. B. M... Ils sont effec- » tués au taux de 2,5 0/0... Le montant des prêts ne » pourra dépasser 60 0/0 du prix de revient. Toutefois » cette proportion pourra être portée à 75 0/0, lorsque le » remboursement des prêts sera garanti par un départe- » ment ou une commune ».

Admettons le cas d'une maison revenant à 20.000 francs pour laquelle on aura obtenu le prêt maximum de 75 0/0 soit 15.000 francs : la Société devra parfaire le complément, soit 5.000 francs.

La prime d'intérêt et de remboursement en 40 ans du prêt de 15.000 francs exige environ 4 0/0, soit   600 f. »

L'intérêt à 4 0/0 du capital complémentaire de 5.000 francs revient à   200   »

On compte généralement 2,50 0/0 pour l'entretien, les impôts, assurances, frais généraux, soit sur 20.000 francs . . .   500   »

Ce qui nécessiterait un loyer de . . .   1.300 f. » chiffre excessif et d'ailleurs supérieur aux maxima des valeurs locatives prévues par la loi.

Nous ne retiendrons donc que les deux autres solutions.

I. — Habitations à Bon Marché
destinées aux Familles Nombreuses

1° AVANTAGES

1° Don gratuit du tiers. — « Il pourra être accordé par
» l'Etat des subventions aux sociétés d'H. B. M. qui
» construiront des habitations à bon marché destinées à
» être louées à des familles de plus de trois enfants âgés
» de moins de 16 ans[1]. Les logements devront être affec-
» tés à des familles nombreuses jusqu'à concurrence des
» deux tiers du montant des valeurs locatives de l'ensem-
» ble des logements. Ces subventions ne pourront excé-
» der le tiers du **prix de revient** de l'immeuble ». (Loi
» du 31 mars 1919, art. 14).

2° Prêt de la Caisse des Dépôts et Consignations. —
« Des prêts peuvent être consentis par l'Etat aux sociétés
» d'H. B. M. Ils seront effectués au taux de 2,5 0/0. Le
» montant des prêts ne pourra dépasser 60 0/0 du prix
» de revient de l'immeuble. Toutefois. cette proportion
» pourra être portée à 75 0/0 lorsque le remboursement
» sera garanti par un département ou une commune.....

» Le montant cumulé des prêts consentis par l'applica-
» tion de la présente loi et des subventions accordées en
» vertu de l'art. 14 de la loi du 31 mars 1919, ne pourra
» dépasser 85 0/0 du prix de revient des immeubles...

» La durée du remboursement des prêts ne pourra excéder 40 ans ». (Loi du 26 février 1921, art 1er).

---

1. Il n'est peut-être pas inutile de faire remarquer que dans la
proposition de loi en faveur des H. B. M., adoptée le 4 novembre 1921
par la Chambre des Députés (et qui n'a pas encore été discutée au
Sénat), la nouvelle rédaction proposée dit : « familles comptant *au
moins trois enfants de moins de seize ans* ». Il suffirait donc de
trois enfants au lieu de « *plus de trois enfants* ».

La même proposition de loi réserve ces logements par priorité
(outre les familles nombreuses) :

« ...soit aux anciens combattants pensionnés de guerre à titre
» définitif, suivant leur degré d'invalidité; soit aux veuves de guerre
» non remariées, ayant au moins deux enfants ».

Dans la pratique, on peut admettre qu'on obtiendra 33 0/0 en don gratuit de l'Etat et 52 0/0 en prêt de la Caisse des Dépôts et Consignations. Le capital à apporter par la Société est donc réduit à 15 0/0, soit 3,000 francs par maison de 20,000 francs.

3º **Garantie des emprunts par les Départements ou les Communes**. — Les départements et les communes sont autorisés à garantir le remboursement des emprunts des sociétés d'H. B. M. (Cela résulte de l'art. 1er de la loi du 26 février 1921 rappelé ci-dessus).

Cette garantie a un double avantage :

1º Permettre à la Société d'obtenir le prêt maximum de 75 0/0.

2º Eviter que les prêts soient subordonnés à l'inscription par la Caisse des Dépôts et Consignations d'une hypothèque de premier rang. « Les prêts seront subordonnés » à l'inscription d'une hypothèque de premier rang, à » moins que le paiement des annuités ne soit garanti » par la Commune ou le Département ». (Loi du 26 février 1921, art. 1er).

4º **Subvention des Communes**. — « Les communes » peuvent consentir des subventions spéciales aux socié- » tés d'H. B. M. construisant des immeubles principa- » lement affectés à des familles comprenant plus de trois » enfants de moins de seize ans. Ces logements devront » représenter au moins les deux tiers du montant des » valeurs locatives de l'ensemble des logements de chaque » immeuble. Les subventions ainsi attribuées pourront » faire l'objet de contrats dont la durée n'excédera pas » 18 ans à dater de l'achèvement de la construction. Elles » ne pourront excéder annuellement 1 0/0 du prix de » revient de l'immeuble ». (Loi du 23 décembre 1912, art. 32).

Les dispositions qui précèdent ont été élargies par la loi du 14 juillet 1913.

« Les dispositions de l'art. 32 de la loi du 23 décembre
» 1912, seront applicables aux maisons individuelles
» affectées aux familles nombreuses visées par le dit
» article. L'Etat participera pour moitié aux subventions
» accordées par les communes. Si la Société d'H. B. M.
» s'engage à affecter aux familles nombreuses assistées
» (art. 2 de la loi du 14 juillet 1913) des logements repré-
» sentant au moins la moitié du montant des valeurs lo-
» catives de l'ensemble des logements, la subvention
» pourra s'élever à 2 0/0 du prix de revient de l'immeu-
» ble ; elles pourront faire l'objet de contrats pour une
» durée de 30 ans ». (Loi du 14 juillet 1913, art. 13).

5° **Souscription des Départements, Communes, Caisses
d'Epargne, Bureaux de Bienfaisance, etc.** — « Les bureaux
» de bienfaisance et d'assistance, les hospices et hôpitaux
» peuvent employer une fraction de leur patrimoine en
» prêts aux sociétés d'H. B. M. soit en obligations ou
» actions de ces sociétés, les dites actions entièrement
» libérées..... Les communes et les départements peu-
» vent employer leurs ressources en prêts, en obligations
» ou en actions ». (Art. 6 de la loi du 12 avril 1906, modifié par l'art. 3 de la loi du 23 décembre 1912 et par
l'art. 2 de la loi du 29 juillet 1916).

Les Caisses d'Epargne ont les mêmes possibilités (cir-
culaire ministérielle du 27 février 1907).

6° **Vente ou apport de terrains ou de constructions.** —
« Les communes ou les départements peuvent faire apport
» aux sociétés sus-visées de terrains ou de constructions,
» pourvu que la valeur attribuée à ces apports ne
» soit pas inférieure à leur valeur réelle établie par
» expertise.

« Ils peuvent de même céder de gré à gré des terrains
» ou constructions, sans que le prix de cession puisse
» être inférieur à la moitié de leur valeur réelle établie
» par expertise ». (Art 6, loi du 12 avril 1906).

— 9 —

7º **Garantie des intérêts-obligations et des dividendes-actions.** — « Les communes et les départements peuvent
» garantir jusqu'à concurrence de 3 0/0 au maximum
» l'intérêt des obligations des dites sociétés et, pendant
» 20 ans au plus, le dividende de leurs actions ». (Art. 6
de la loi du 12 avril 1906).

8º **Exemption de contributions et de taxe.** — « Sont
» affranchies de la contribution foncière et de la contri-
» bution des portes et fenêtres, les maisons individuelles
» ou collectives destinées à être louées ou vendues, pourvu
» qu'elles remplissent les conditions prévues par l'art. 5 »
(valeur locative calculée à 4 0/0 du prix de revient ne
doit pas dépasser les maxima prévus par la loi et
indiqués page 21). « Cette exemption sera d'une durée de
» 12 années à compter de l'achèvement de la maison [1].
» Sont exemptées de la taxe établie par l'art. 1er de la
» loi du 20 février 1849, dans les termes de la loi du
» 14 décembre 1875 et par dérogation à l'art. 2 de la loi
» du 31 mars 1903, les sociétés qui ont pour objet exclusif
» la construction ou la vente des maisons auxquelles s'ap-
» plique la présente loi ». (Art. 9 de la loi du 12 avril 1906).

9º **Dispense de timbre et d'enregistrement.** — « Les
» actes nécessaires à la constitution des associations de
» construction sont dispensés de timbre et enregistrés
» gratis. Les pouvoirs en vue de la représentation aux
» assemblées générales sont dispensés du timbre. Ces
» sociétés sont exonérées des droits de timbre pour leurs
» titres d'actions et d'obligations. Toutefois, elles restent
» soumises au droit de timbre-quittance établi par l'art.
» 18 de la loi du 23 août 1871 ». (Art. 10 de la loi du 12
avril 1906).

10º **Dispense de patente et d'impôt sur le revenu.** —
« Les mêmes sociétés sont dispensées de toute patente et

1. Aux termes de l'art. 20 de la loi du 31 mars 1922, « l'exemption
» temporaire d'impôt foncier dont bénéficient les constructions nou-
» velles est portée à quinze ans, à compter de l'année qui suivra celle
» de leur achèvement ».

» de l'impôt sur le revenu attribué aux actions, parts d'in-
» térêt et obligations-». (Art. 12 de la loi du 12 avril 1906).

11° Allocations des communes pouvant être affectées aux loyers. — « Enfin, les allocations payées par les » communes aux familles nombreuses assistées pourront » être affectées au payement des loyers. »

Objection. — La plupart des dispositions qui précèdent s'appliquent aux maisons dont les deux tiers sont habités par des familles nombreuses. Qu'adviendrait-il s'il n'y avait pas assez de familles nombreuses ?

L'article 6 du décret du 25 juin 1919 dit : « Dans le cas » où il ne se présenterait pas un nombre suffisant de » familles d'au moins quatre enfants pour occuper les » logements qui leur sont destinés dans les immeubles » visés par le présent décret, les sociétés propriétaires » pourront louer ou continuer à louer temporairement les » dits logements à des familles ne remplissant pas ou ne » remplissant plus [1] les conditions de l'art. 14 de la loi

1. En ce qui concerne les familles ne remplissant *plus* les conditions de l'art. 14 de la loi du 31 mars 1919, une interprétation assez large a été donnée au cours de la discussion de la loi de novembre 1921, à la Chambre des Députés. Nous reproduisons une partie de cette discussion :

M. Duval-Arnould. — « Je comprends très bien qu'on accorde la » priorité dont parlait M. Pinard, aux familles qui comptent au moins » trois enfants de moins de seize ans. Mais il me paraîtrait quelque » peu brutal, et cette mesure pourrait avoir des conséquences sociales » très regrettables, s'il était admis que la famille doit quitter l'im- » meuble dès que l'aîné des enfants a atteint l'âge de seize ans. »

M. A. Fallières. — « Il n'y aura pas d'expulsion de ce fait. »

M. le Ministre de l'Hygiène. — « Ces conditions se posent à l'entrée » seulement. »

Et plus loin :

M. le Ministre de l'Hygiène. — « Il est bien entendu que la priorité » joue au moment où la famille demande à entrer dans la maison. » Mais si, tandis que la famille occupe le logement, un évènement se » produit qui change la situation de cette famille, si les enfants » dépassent l'âge de seize ans, si l'un d'eux meurt, si la femme se » remarie, on ne peut pas renvoyer cette femme remariée, ni la » veuve, ni le père de famille. La question de priorité, je le répète, » ne se pose qu'à l'instant où l'on choisit les bénéficiaires de la loi ».

» du 31 mars 1919, à charge par eux de ne faire que des
» locations verbales de peu de durée, de telle sorte que
» si des familles d'au moins quatre enfants se présentent
» ultérieurement, il soit possible de leur attribuer les
» logements en question.

» Le comité de patronage de la circonscription et le
» Ministre du travail et de la Prévoyance sociale devront
» être immédiatement informés des dites locations ver-
» bales ». (Art. 6 du décret du 25 juin 1919).

2°. — CAPITAL NÉCESSAIRE ET CALCUL
DU LOYER

1° *Capital*. — Nous avons vu que les sociétés pouvant
obtenir 33 0/0 en don gratuit de l'Etat et 52 0/0 en prêt
à la Caisse des Dépôts et Consignations, n'avaient qu'à
parfaire la différence soit 15 0/0, c'est-à-dire 3,000 francs
par maison de 20,000 francs.

2° *Loyer*. — Supposons toujours le cas d'une maison
revenant à 20,000 francs.

L'Etat peut donner 33 0/0, soit . . . . 6.600 f. »
La Caisse des Dépôts et Consignations peut
prêter 52 0/0, soit. . . . . 10.400 »
La Société aura à avancer la différence . 3.000 »

Total. . . . . . . 20.000 f. »

Les dépenses annuelles peuvent être ainsi évaluées :

1° Prime d'intérêt et de remboursement en 40 ans à la
Caisse des Dépôts et Consignations. Cette prime est exac-
tement de 3,983623 0/0, soit en chiffre rond 4 0/0 sur
10,400 francs . . . . 416 f. »

2° Dividende sur capital avancé par la Société.
Ce dividende ne peut excéder 4 0/0 (art. 10 de
la loi du 10 janvier 1907 modifié par le décret
du 3 mai 1913), soit 4 0/0 sur 3,000 francs . . 120 »

A reporter. . . 536 f. »

Report . . . 536 f. »

3° On évalue généralement l'entretien à 1,5 0/0
et les frais généraux à 1 0/0, soit 2,5 0/0 sur le
prix de la construction seule, terrain non cou-
vert déduit et non compris les frais d'amenée
d'eau et d'évacuation des eaux usées, soit sur
environ 18,000 francs. . . . . 450 »

Total. . . . . 986 f. »

Si on obtient des communes la subvention de 2 0/0 (dont
1 0 0 à récupérer sur l'Etat), le loyer se trouve réduit de
400 francs et ressort à 986 francs — 400, soit 586 francs.

Le tableau suivant permet de se rendre compte des
avantages que procure la législation sur les H. B. M.
En supposant toujours le cas d'une maison de 20,000 fr. :

	Sans le concours de l'Etat	Loi sur les H. B. M.	Loi sur les H. B M destinées aux familles nombreuses	
			Sans la subvention des communes	Avec la subvention des communes
Capital nécessaire.	20.000 f.	5.000 f.	3.000 f.	3.000 f.
Loyer	1.700 f.	1.300 f.	986 f.	586 f.

3°. — MAXIMA DES VALEURS LOCATIVES

Aux termes de l'art. 5 de la loi du 12 avril 1906 modifié
successivement par les lois du 23 décembre 1912 — 24 oc-
tobre 1919 — 31 juillet 1920 et 31 décembre 1921, « les
» avantages concédés par la présente loi s'appliquent aux
» maisons. . . . . . . lorsque la valeur locative de chaque
» logement ne dépasse pas, au moment de la construction,
» les maxima déterminés ci-après ».

Si on prend le type habituel de « logements (indivi-
» duels) comprenant trois pièces habitables ou plus, de
» neuf mètres superficiels au moins, avec cuisine et
» w. c. et ayant une superficie totale d'habitation entre
» les murs et cloisons de plus de 45 m², les maxima des
» valeurs locatives et les prix de revient maxima corres-
» pondants sont :

	Valeurs locatives	Prix de revient
1º Communes de moins de 40,000 habitants. .. . .· .	873	21.840
2º Communes de 40,000 habitants et au-dessus.	1.092	27.300

(Loi du 31 décembre 1921).

Le chiffre de 21,840 francs est suffisant si on rappelle
que : « Dans ce prix de revient la valeur du terrain ne
» sera comprise que pour la portion afférente à la surface
» couverte ou entourée par la construction. Le prix des
» canalisations pour amenée d'eau et pour évacuation des
» vidanges et eaux usées jusqu'à leur entrée dans les
» maisons ne sera pas compris dans l'évaluation du prix
» de revient. Il en sera de même du prix des appareils
» d'épuration des vidanges et des eaux usées ». (Art. 5 de
» la loi du 12 avril 1906).

*(Voir à l'appendice page 21 le tableau complet des
maxima).*

4°. — MARCHE A SUIVRE
pour obtenir les concours de l'Etat et de la Caisse des Dépôts et Consignations

1º Constituer une société anonyme dont le premier quart
du capital devra être versé.

Faire approuver les Statuts par le Ministre de l'Hygiène,
de la Prévoyance et de l'Assistance sociale (cette approbation sera obtenue facilement, si on s'est conformé aux

statuts-types publiés par le « *Recueil de documents sur la Prévoyance sociale* », (librairie Berger-Levrault, à Paris).

2° Etablir plans et devis des maisons ne dépassant pas les maxima fixés par la loi du 31 décembre 1921 (qui sont rappelés ci-dessus).

3° Etablir dossier de *demande de subvention* au Ministre de l'Hygiène, de la Prévoyance et de l'Assistance sociale. Cette demande est déposée à la Préfecture.

Le dossier doit comprendre les pièces ci-après certifiées conformes par le Président :

a) La délibération par laquelle le Couseil d'Administration a décidé la construction motivant la demande.

b) Les plans et devis définitifs de la construction régulièrement approuvés par le représentant légal de la Société.

c) L'engagement du Conseil d'Administration de remplir pendant 18 années au moins les conditions fixées dans les paragraphes 1, 2, 4 de l'art. 14 de la loi du 31 mars 1919 et dans le présent décret (25 juin 1919), notamment en ses articles 5, 6, 7, ce dernier article devra être reproduit intégralement dans l'engagement en question. (Ces paragraphes et articles sont reproduits en fin de brochure, page 17).

d) L'engagement, d'assurer contre l'incendie l'immeuble construit à l'aide de la subvention.

e) L'engagément, en ce qui concerne l'immeuble construit à l'aide de la subvention, de se soumettre pendant dix-huit années aux vérifications du Comité de patronage des habitations à bon marché et de la Prévoyance sociale de la circonscription et, le cas échéant, du représentant du Ministre du Travail et de la Prévoyance sociale.

f) Le certificat provisoire de salubrité délivré par le Comité de patronage des habitations à bon marché et de la Prévoyance sociale de la circonscription de l'immeuble.

dans-les conditions prévues par l'art. 3, § 3 de la loi du 10 avril 1908.

g) Un exemplaire des statuts approuvés, la liste des membres du Conseil d'Administration et des Commissaires des comptes, avec indication de leurs qualités et domiciles ; le dernier bilan annuel appuyé du compte rendu de l'assemblée générale qui-l'a arrêté.

Lorsque la subvention a été accordée par le Ministre, le montant peut être mandaté par le Ministre en une ou plusieurs fois, en tenant compte de la dépense déjà faite et de l'avancement des travaux. Toutefois, aucun versement ne peut être fait que si le quart au moins de la dépense prévue pour la construction a été effectué (à l'aide des 15 0/0 de la Société et d'une partie des 52 0/0 du prêt de la Caisse des Dépôts et Consignations).

4e Etablir un dossier de *demande de prêt* à la Caisse des Dépôts et Consignations, à déposer à la Préfecture.

Ce dossier établi suivant le décret du 21 mars 1921, doit comprendre les pièces ci-après certifiées conformes par le Président :

a) Les statuts de la Société portant mention de l'approbation ministérielle.

b) La liste des membres du Conseil d'Administration avec mention de leurs qualités et du nombre d'actions possédées par chacun d'eux.

c) Les bilans des trois exercices précédents appuyés des rapports du Conseil d'Administration et des comptes rendus des assemblées générales qui les ont approuvés.

d) Un état détaillé des recettes et des dépenses effectuées depuis la clôture du dernier exercice ou l'établissement du dernier bilan produit.

e) Une note relative au fonctionnement de l'organisme, donnant avec communication des plans et devis les renseignements nécessaires sur les opérations projetées, les ressources que l'organisme pourra y consacrer, l'équilibre financier des ressources et des charges probables après exécution du programme et les conditions de location des immeubles.

f) Un état conforme au modèle déterminé par la Commission d'attribution des prêts (modèle à réclamer à la Caisse des Dépôts et Consignations) donnant la situation de l'organisme à une date aussi rapprochée que possible de celle de la demande.

g) Copie de la délibération par laquelle le Conseil général ou le Conseil municipal aura : 1° Autorisé le Préfet ou le Maire à intervenir au contrat ; 2° déterminé le montant de l'engagement pris et créé les ressources qui seront spécialement affectées à l'exécution de cet engagement et mises en recouvrement de plein droit en cas de besoin. A cette délibération seront joints, le cas échéant, les actes autorisant la création des ressources.

h) Une copie du certificat de salubrité et de l'avis émis par le Comité de Patronage des habitations à bon marché.

5°. — FORMALITÉS A REMPLIR

1° Pour obtenir les exemptions fiscales.

1° Il faut demander l'exonération, soit lors de la déclaration exigée de tout propriétaire construisant une maison (déclaration qui doit être effectuée dans les quatre mois de l'ouverture des travaux sur un registre spécial déposé dans les mairies), soit par déclaration spéciale, mais dans le même délai, et sur le même registre.

La demande doit spécifier que la maison est destinée à être occupée par une personne peu fortunée.

Il suffit d'ailleurs de suivre les indications portées sur le registre des déclarations.

2° Dans les quatre premiers mois qui suivent l'achèvement de la maison, il faut produire le certificat de salubrité au service local des contributions directes.

L'exonération d'impôt foncier et de la contribution des portes et fenêtres comprend à la fois le principal de l'impôt et les centimes additionnels de toute nature.

Elle ne peut, en aucun cas, être étendue au sol des maisons ni aux cours et jardins en dépendant.

2° Vis-à-vis de la Caisse des Dépôts et Consignation.

« L'organisme emprunteur doit fournir à la Caisse des
» Dépôts et Consignations :

» 1° Avant le 31 mars de chaque année, un état confor-
» me au modèle adopté par la Commission d'attribution
» des prêts et donnant la situation détaillée des opérations
» au 31 décembre précédent ;

» 2° Avant le 30 juin de chaque année, le compte rendu
» de l'assemblée générale ordinaire, accompagné du bilan,
» du détail du compte « Profits et Pertes » ainsi que de
» la copie du rapport du Conseil d'Administration et des
» Commissaires des comptes Les offices fourniront annuel-
» lement la délibération du Conseil d'Administration
» approuvant les comptes administratifs et de gestion de
» l'année précédente ;

« 3° Dans le délai d'un mois, le compte rendu des as-
» semblées générales extraordinaires (art. 23 du décret
» du 21 mars 1921).

6°. — APPENDICE

Loi du 31 mars 1919. — « 1° Dans la limite des crédits
» qui seront ouverts à cet effet, il pourra être accordé par
» l'Etat des subventions aux communes, aux offices pu-
» blics d'habitations à bon marché, aux bureaux de bien-
» faisance et d'assistance, aux hospices et hôpitaux et aux
» caisses d'épargne, qui construiront des maisons à bon
» marché destinées à être allouées à des familles de plus
» de trois enfants âgés de moins de seize ans.

BIBLIOTHÈQUE NATIONALE R. F. IMPRIMÉS

» 2º Les logements devront répondre aux conditions
» prévues à la première ou à la deuxième colonne du
» tableau de l'art. 3 de la loi du 12 avril 1906, modifié par
» l'art. 2 de la loi du 23 décembre 1912 et êlre affectés à
» des familles nombreuses jusqu'à concurrence des deux
» tiers du montant des valeurs locatives de l'ensemble
» des logements.

» 4º Les loyers ne devront pas être inférieurs de plus
» de moitié aux maxima de valeur locative fixés par l'art.
» 5 de la loi du 12 avril 1906, modifié par l'art. 2 de la loi
» du 23 décembre 1912. »

Décret du 25 juin 1919. — ARTICLE 5. « Dans les six
» premiers mois de chaque année et pendant dix-huit ans
» à dater de l'achèvement de la construction qui a donné
» lieu à l'attribution d'une subvention, la commune,
» l'établissement, ou la société bénéficiaire de la subven-
» tion doit adresser au Ministre du Travail et de la Pré-
» voyance sociale, par l'intermédiaire du préfet :

» 1º Un état, au 31 décembre de l'année précédente,
» faisant ressortir le nombre de logements composant
» chacun des immeubles ou groupes d'immeubles cons-
» truits avec la subvention de l'Etat, ainsi que les prix
» de location correspondants et le montant des maxima
» de valeur locative prévus pour ces logements par la
» législation des habitations à bon marché.

» 2º Un état, à la même date, des familles de plus de
» trois enfants âgés de moins de seize ans, logées dans
» ces immeubles, avec le nombre et l'âge des enfants de
» chaque famille, ainsi que le prix de loyer payé par
» chacune d'elles.

» Ces états devront être certifiés, suivant les cas, par
» le maire de la commune ou le représentant légal de l'é-
» tablissement ou de la société. »

ARTICLE 6. — « Dans le cas où il ne se présenterait pas
» un nombre suffisant de familles d'au moins quatre en-
» fants pour occuper les logements qui leur sont destinés

» dans les immeubles visés par le présent décret, les
» communes, les établissements ou sociétés propriétaires,
» pourront louer ou continuer à louer temporairement
» les dits logements à des familles ne remplissant pas ou
» ne remplissant plus les conditions de l'art. 14 de la loi
» du 31 mars 1919, à charge par eux de ne faire que des
» locations verbales de peu de durée de telle sorte que si
» des familles d'au moins quatre enfants se présentent
» ultérieurement, il soit possible de leur attribuer des
» logements en question. Le Comité de patronage de la
» circonscription et le Ministre du Travail et de la Pré-
» voyance sociale devront être immédiatement informés,
» des dites locations verbales. »

Article 7. — « Dans le cas où une société bénéficiaire
» d'une subvention ne se conforme pas aux prescriptions
» de l'art. 14 de la loi du 31 mars 1919 où à celles du pré-
» sent décret, la société est mise en demeure, par lettre
» recommandée du président du Comité de patronage
» de la circonscription ou, le cas échéant, du Ministre du
» Travail et de la Prévoyance sociale, de régulariser la
» situation dans un délai de trois mois.

» Si, ce délai expiré, la régularisation n'a pas été effec-
» tuée, le Ministre de l'Hygiène, de l'Assistance et de la
» Prévoyance sociale peut, après avis du Comité du patro-
» nage et du comité permanent du Conseil supérieur des
» habitations à bon marché, mettre la Société en demeu-
» re de rembourser au plus tard dans un délai de six
» mois la subvention reçue.

» Faute de remboursément dans ce délai, il sera pro-
» cédé par le Ministre compétent au recouvrement de la
» subvention par les voies de droit. »

Décret du 21 mars 1921. — Article 22. « Pendant toute
» la durée du remboursement des prêts effectués pour le
» compte de l'Etat, les organismes débiteurs ,ne peuvent,
» sans l'autorisation préalable de la Commission d'attribu-
» tion des prêts :

» 1º Contracter d'autres emprunts ;

» 2º Faire aucun achat de valeurs dont la libération » totale ne sera pas immédiate ;

» 3º Modifier les conditions de location et d'amortisse-» ment des maisons ainsi que les conditions des prêts hy-» pothécaires individuels en vigueur au moment de la » conclusion du prêt ;

» 4º Procéder à l'attribution, à la vente ou à l'échange » de terrains ou de maisons.

(Les renseignements qui précédent sont extraits du « Recueil des Documents sur la Prévoyance sociale » (librairie Berger-Levrault à Paris) auquel on se reportera utilement, pour complément d'étude sur la question des H. B. M.).

Tableau indiquant les maxima des valeurs locatives applicables aux logements des H.B.M., destinés :

1° à l'habitation collective (art. 142 de la loi du 31 décembre 1921)

	LOGEMENTS comprenant 3 pièces habitables, ou plus, de 9 mètres superficiels au moins, avec cuisine et water-closets, et ayant une superficie totale d'habitation entre les murs et cloisons :		LOGEMENTS comprenant 2 pièces habitables, de 9 mètres superficiels, au moins, avec cuisine et water-closets, et ayant une superficie totale d'habitation entre les murs et les cloisons :		LOGEMENTS comprenant 1 pièce destinée à l'habitation, de 9 mètres superficiels, au moins, et cuisine, et ayant une superficie totale d'habitation entre les murs et cloisons :		LOGEMENTS comprenant 1 chambre isolée, de 9 mètres superficiels, au moins, et ayant une superficie totale d'habitation entre les murs et cloisons :	
	de 35 à 45 m2	de plus de 45 m2	de 25 à 35 m2	de plus de 35 m2	de 15 à 25 m2 avec ou sans w.-c.	de plus de 25 m2 avec w.-c.	de 9 à 15 m2 avec ou sans w.-c.	de plus de 15 m2 avec w.-c.
	fr.	fr.	fr.	fr.	fr.	fr.	fr.	fr.
1° Communes de moins de 40,000 habitants...	672	728	546	595	420	455	210	231
2° Communes de plus de 40,000 habitants et banlieue de ces communes dans un rayon de 20 k.	840	910	672	728	504	546	294	322
3° Ville de Paris et département de la Seine...	1.008	1.092	840	910	588	637	336	364

2° à l'habitation individuelle

Les maxima des valeurs locatives se déduisent du tableau précédent en ajoutant un cinquième, conformément à l'article 5 de la loi du 12 avril 1906, qui dit : « Bénéficieront également des avantages de la loi, » les maisons individuelles dont la valeur locative ne dépassera pas de plus d'un cinquième les chiffres » déterminés ci-dessus ».

Quant aux prix de revient maxima. on les obtient en capitalisant à 4 °/₀.

II. — Le Crédit Immobilier

Le Crédit immobilier a uniquement pour but de prêter de l'argent aux personnes « peu fortunées » qui veulent acquérir ou se construire une maison à bon marché, c'est-à-dire suivant les maxima déterminés par la loi.

Une personne désirant contracter un emprunt doit justifier qu'elle possède une somme égale au 1/5 de la dépense qui va être engagée ; si cette dépense est de 20,000 francs elle devra donc justifier d'un avoir de 4,000 francs.

Cette personne devra de plus contracter une assurance sur la vie qui aura ce résultat qu'au jour de son décès, il n'y aura plus de mensualités à payer pour la maison. Une telle assurance nécessite un examen médical et c'est seulement si cet examen est favorable que la demande peut-être agréée.

Il faut enfin que l'amortissement soit calculé sur un nombre d'années tel qu'il puisse être terminé à l'âge de 60 ans. L'opération peut se résumer comme suit :

Une personne âgée de 30 ans se proposant d'acquérir ou de construire une maison de 20,000 francs, peut emprunter 16,000 francs au Crédit immobilier, qui fait également l'avance de la prime unique d'assurance-vie et des frais notariés, le tout représentant environ 2,500 francs. Pour amortir en 25 ans cette somme totale de 18,500 francs au taux de 3,50 0/0, il faut compter une annuité d'environ 1125 francs payable par mensualités de 95 francs.

Les sociétés de Crédit immobilier peuvent appliquer des taux dégressifs au-dessous de 3,50 0/0 lorsqu'il s'agit de familles nombreuses.

BIBLIOTHÈQUE NATIONALE R. F. IMPRIMÉS

ROUEN
IMPRIMERIE LECERF FILS.
1922.

www.ingramcontent.com/pod-product-compliance
Ingram Content Group UK Ltd.
Pitfield, Milton Keynes, MK11 3LW, UK
UKHW022245070726
13613UKWH00005B/2129